„von der Zeit"

Ingeborg Bauer, Lyrik
Peter Magiera, Grafik

„von der Zeit"

Ingeborg Bauer, Lyrik
Peter Magiera, Grafik

Begleitbuch zur Ausstellung
in der Galerie auf dem Podest
in der Stadtbibliothek Reutlingen
vom 26. Januar bis 5. März 2016

Lyrik beflügelt zu Zeichnungen und Farbradierungen. Bilder sind Anlass für Wortverdichtungen, lyrische Texte. Eine Präsentation zur gemeinsam gefundenen Thematik:
„von der Zeit".

Bibliografische Information der Deutschen Nationalbibliothek:
Die Deutsche Nationalbibliothek verzeichnet diese Publikation in der Deutschen Nationalbibliografie; detaillierte bibliografische Daten sind im Internet über < http://dnb.d-nb.de > abrufbar.

© 2015 Ingeborg Bauer
Herstellung und Verlag: BoD - Books on Demand, Norderstedt
ISBN: 978-3-739-22470-1

Von der Zeit

Ammoniten
fossile Zeichen
versteinerte Metaphern
Lebensläufe.
Die Spirale, die sich öffnet
in den Raum, sich verdichtet
zur Nabe. Ammoniten
Chiffren für Menschenleben
die um den verborgenen
Sinn kreisen.

Ammoniten
die das Zyklische
mit dem Linearen
in der Spiralform
verbinden –
der Trost
in der Wiederkehr
der Hingabe
in den sich weitenden
endlosen Raum.

Ammoniten
sich verbindend
zu immerwährenden
Mustern, das Auf und Ab
nicht nur des einen Lebens
abbildend – fossile Form
für den Spiralnebel
des Anfangs, erster
Bild-Buchstabe
im Weltenraum.

Von der Zeit

Die Zeit im Grunde

Und Gott sprach: Es werden Lichter an der Feste des Himmels, die da scheiden Tag und Nacht und geben Zeichen, Zeiten, Tage und Jahre [...] Und Gott machte zwei große Lichter: ein großes Licht, das den Tag regiere, und ein kleines Licht, das die Nacht regiere, dazu auch Sterne. [...] Da ward aus Abend und Morgen der vierte Tag.

1.Mose 1, 14-18. (Nach der Übersetzung von Dr. Martin Luther)

*Die Zeit im Grunde [...] die Zeit,
sie ändert doch nichts an den Sachen.
Die Zeit, die ist ein sonderbar' Ding.
Wenn man so hinlebt, ist sie rein gar nichts.
Aber dann auf einmal,
da spürt man nichts als sie.
Sie ist um uns herum, sie ist auch in uns drinnen.*

Die Marschallin im „Rosenkavalier" / Hugo von Hofmannsthal

Sonne und Mond
bestimmen die Zeiten von Tag und Nacht,
den Kreislauf der Jahreszeiten,
die Zeit von Aussaat und Ernte.
Der Lauf der Jahre markiert
die Abschnitte unseres Lebens:
Kindheit, Jugend, Zeit der Reife
und des Alterns - und doch enthält dieser Zyklus
das Immerwährende, das über uns hinausweist.
Doch erleben wir als Einzelne die Zeit

nicht als einen automatisierten
mechanischen Ablauf:
die Kindheit erscheint zeitlos lang, später
erleben wir eine zunehmende Beschleunigung,
die beunruhigt und ein Innehalten einfordert.
Wir unterwerfen uns einem Diktat der Uhr,
die äußerst präzise den Zeitverlauf festhält.
Wir machen die Nacht zum Tage.
Es droht der Verlust des kosmischen Bezugs.
Der Islam benutzt noch den Schattenwurf
als Maßstab für das Gebet während des Tages.
Das Hereindämmern des Tages und der Nacht
wird pragmatisch dadurch bestimmt, ob ein
schwarzer Faden von einem weißen
schon oder noch zu unterscheiden ist.
Der Mensch und sein Schatten –
das sind Metaphern für Leben und Tod,
die Endlichkeit unseres Daseins.
Der Schatten, den wir werfen im Lebensvollzug,
bindet uns ein in einen kosmischen Kontext,
in den Kreislauf von Wachsen und Vergehen,
von Ende und Neubeginn.

DER AMMONIT –
METAPHER FÜRS LEBEN

Fossile Metaphern

Zwei Ammoniten
werden zum Symbol
für das Komplementäre,
für Anfang und Ende,
für die Zeit, die sich
wie eine Schlange
in den Schwanz beißt.
Doch lässt die dem Leben
abgelauschte Form
Raum für Entwicklung,
für ein Innen, das sich
im Außen bewähren und
zugleich in Abhängigkeit
und Freiheit seinen eigenen
Weg finden muss.

Zwei Ammoniten wie
Yin und Yang –
zwischen Tag und Nacht
Hell und Dunkel
sich formierend
zu einer Gestalt findend
aufgebrochen
aufgesplittert
zwischen kaleidoskopischem

Wechsel und klaren Konturen
in einer Gemeinsamkeit
Erfüllung findend.

Des Künstlers Hand
macht aus den Fossilien der Tiefe
Chiffren des Lebens.

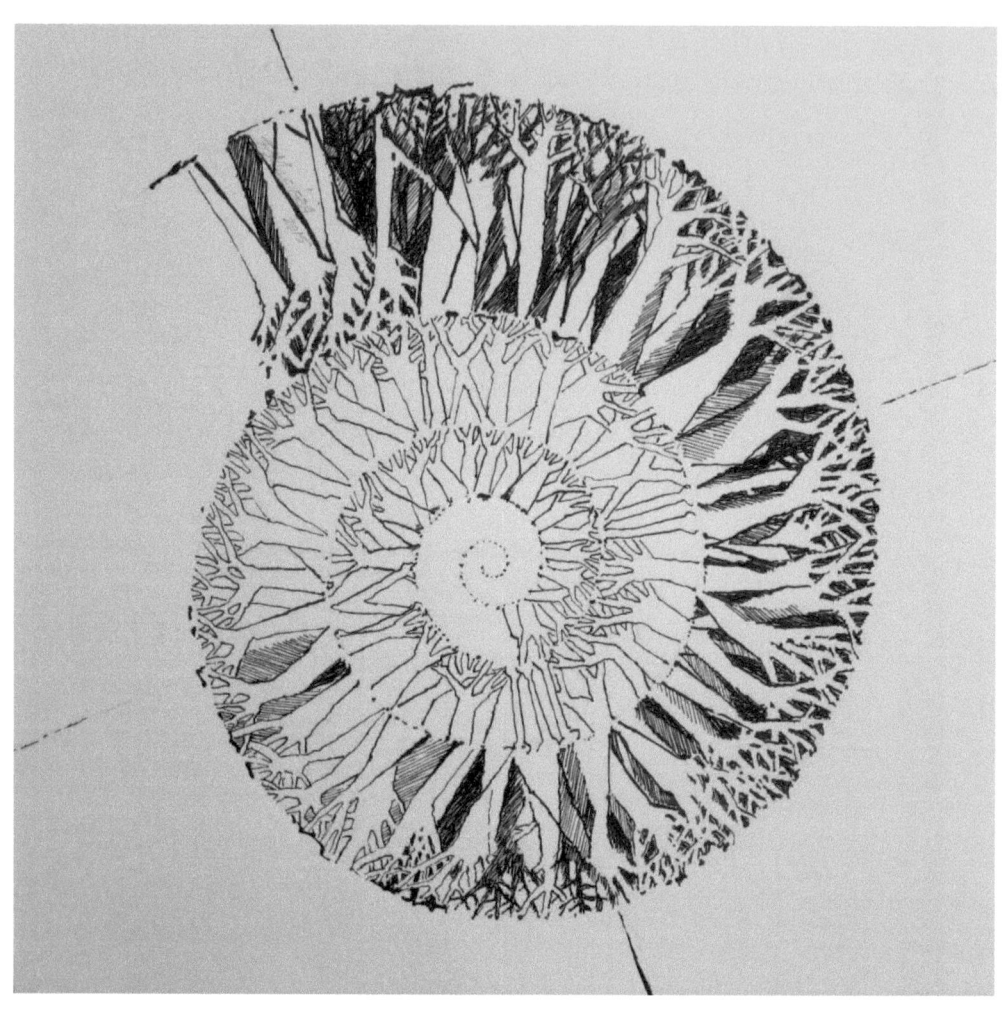

Fossile Metapher:
Orientierung

In den Kompass eingeschlossen
die fossile Form. Der Spiralweg läuft
aus der Mitte zwischen Wurzelwerk
und Krone – schließlich Dantes
Sich-Verlieren in dem dichten Walde.
Den Rückweg anzutreten in das
Kinderland des Hellen, ist uns
nicht vergönnt, doch führt der Heimweg
vielleicht zurück zur Nabe,
wo ich *erkenne, gleich wie ich erkannt.* *)

*) 1.Kor.13,12

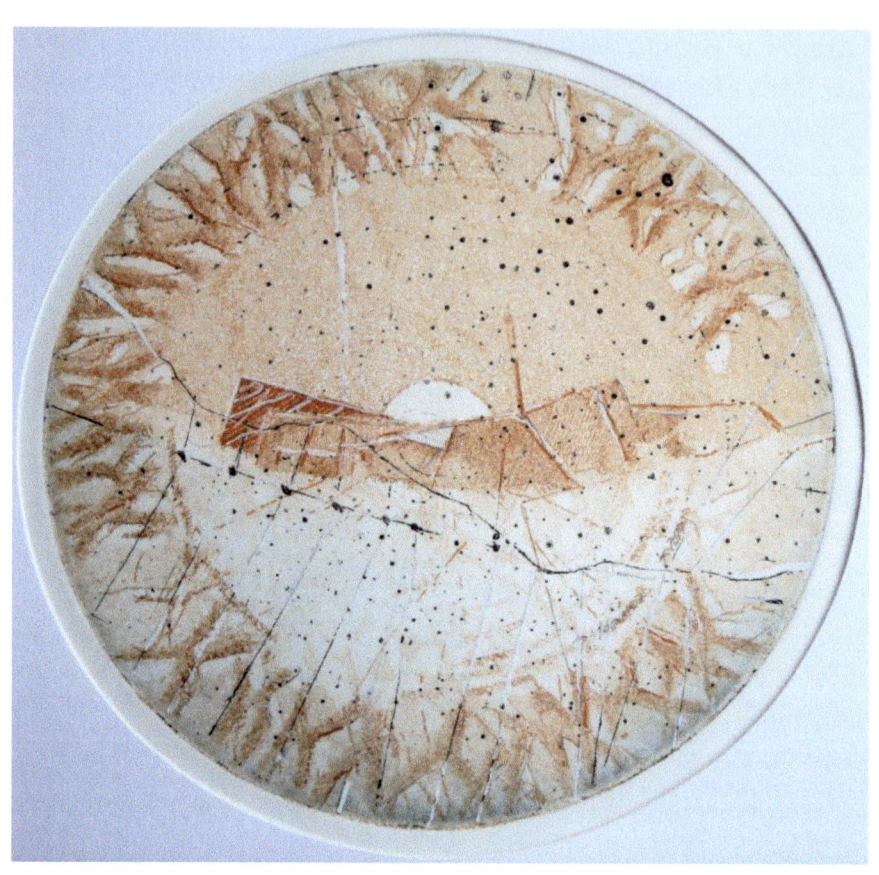

Utopische Uhr

Himmel und Erde
auf einer Scheibe vereint
das vollkommene Runde –
eine utopische Uhr,
deren Ziffern sich
in den Bäumen ergehen,
deren Zeiger aber ruht
in einer utopischen Zeit.

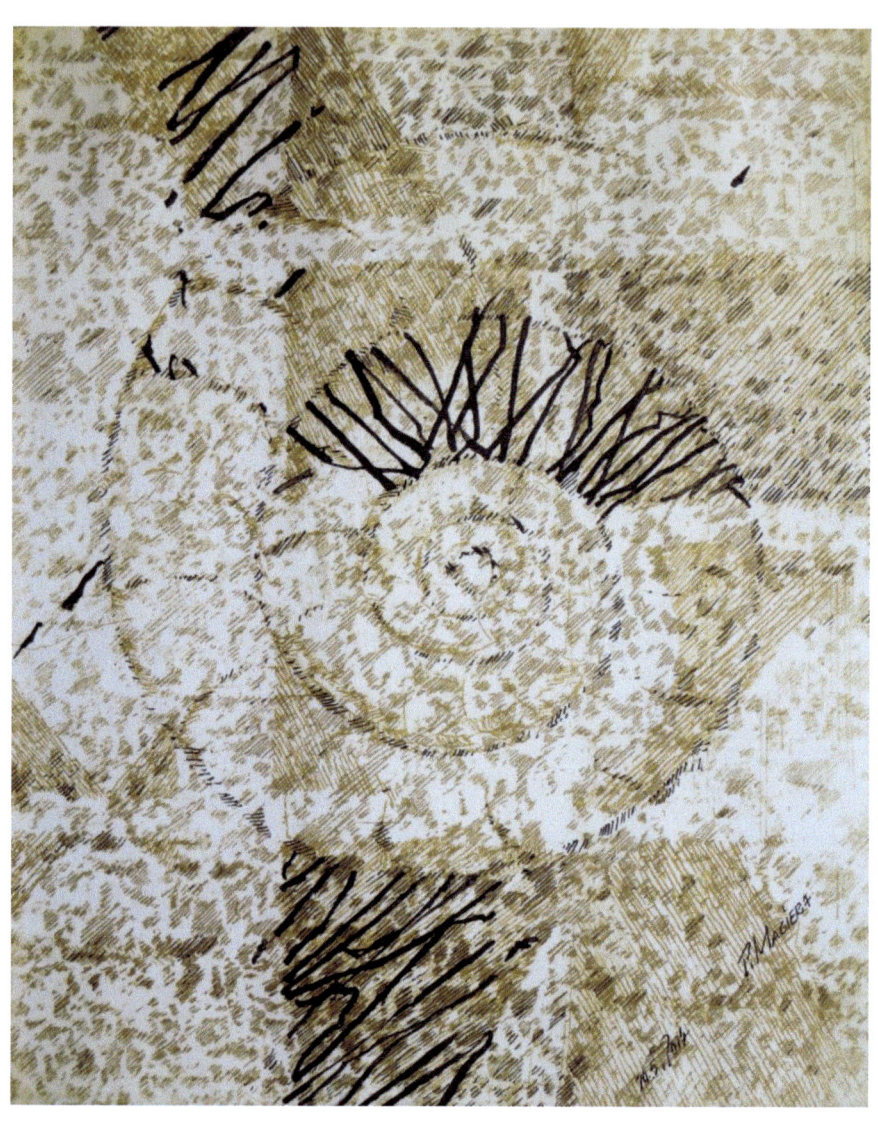

Die Spirale: Buchstabe
im Alphabet früher Kulturen

Die Spirale als Metapher
für das Göttliche – im Ammoniten
steckt der ägyptische Gott
dessen Widderhörner sich
spiralförmig winden – ihr Funkeln
macht sie zum Sonnensymbol
zum wirbelnden Nebel
des Anfangs und doch
enthält die Spiralform
den Lebenskern, geritzt
in den Stein vorgeschichtlicher
Kulturen: labyrinthisches
Suchen bildet sich im Leben
eines jeden von uns ab.

Die Spirale ist der erste
Buchstabe der Megalithkulturen
Annäherung an eine erahnte
Unendlichkeit – religiöses Zeichen
das Unheil abwenden
sich göttlicher Lebenskraft
versichern möchte –
die Spirale, die als Chiffre
menschliche und kosmische
Wege verbindet.

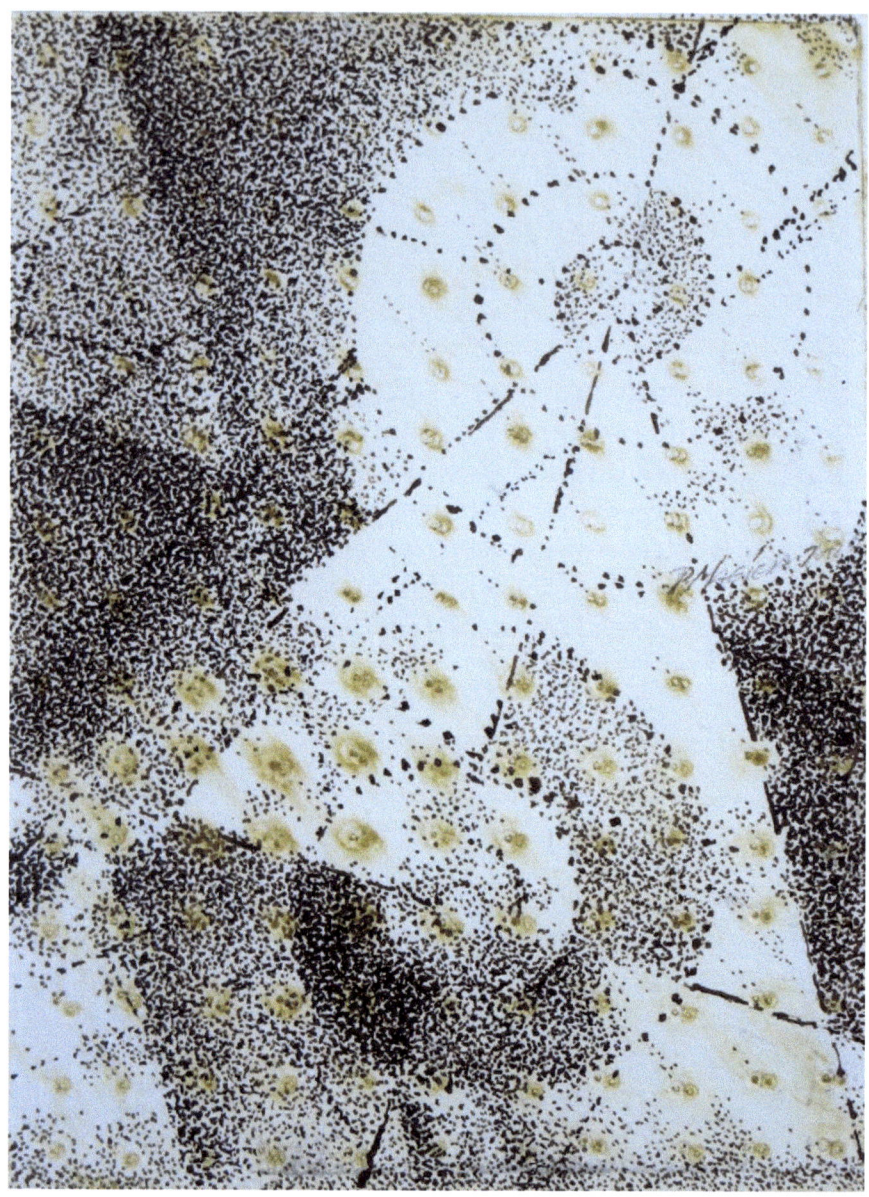

Spiralnebel im All

Am uferlosen Rand des Alls
in den Spiralwirbeln
eines unbestimmten
unendlich sich erstreckenden
Raums wartet die Zeit
stößt sie auf Widerstände
verfremdet sich unseren
Vorstellungen. Zwischen
Ordnung und Chaos
schwingt das Pendel
des Unfassbaren.

Die Zeit ein Hilfskonstrukt
das keine Absolutheit kennt.
Der Blick zu den Sternen
führt in eine Vergangenheit
des Ungleichzeitigen wie
der Ammonit in meiner Hand
mich in ferne geologische
Epochen unserer Erde führt.

‚Still Point' *)

Rotation
Kreisen um die Nabe
den stillen Punkt -
auf die Feuerscheibe des Ichs
werfen Monde und Sonnen
Schatten und Licht
Segmentierung des Lebens
versuchte Annäherung
an eine verborgene
Innenaufsicht.
Die Scheibe dreht sich,
die Drehzahl wächst.
Die Schwarz-Weiß-Zeichnung
der Vernunft
überlagert von der Wärme
des Gefühls:
Wir kreisen
stille Suchende
nach unserer Mitte.

*) T.S.Eliot, Four Quartets: „At the still point of the turning world …
at the still point there the dance is."

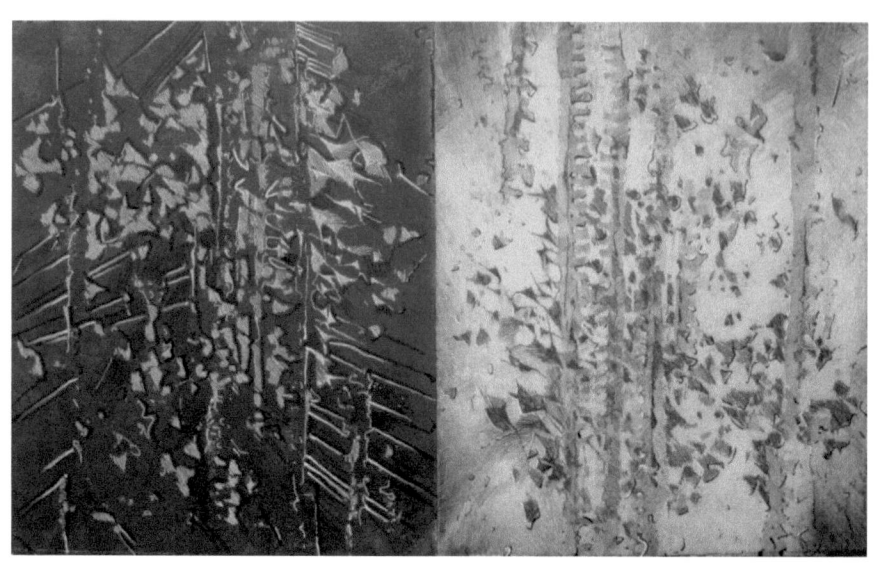

LEBENSLAUF

Lebenslauf
schwarz auf weißem Grund
Lebenslauf
weiß auf schwarzem Grund
Lebensentwurf
Lebensverlauf
spiegelbildlich -
widersprüchlich?

Fäden
zarte und kraftvolle
zerfasernde
ausgefranste Taue
verstrickt
verhakt
verknotet -
entknotet
entwirrt
gelöst -
das Auf und Ab
einer mehrdimensionalen
Fieberkurve
nicht festzumachen
nicht zu entziffern - doch spürbar
die Wiederkehr
Rituale
Höhen und Tiefen
die schwarze und weiße Version:
die Suche nach
dem Sein.

Durchs Leben gehen

Die Lebensspirale
weitet sich, öffnet sich
ein Ausstrecken von Fühlern
ein Suchen und Finden –
Eingebundensein, Nähe –
einatmen – ausatmen
sich binden – loslösen
auflösen – einlösen –
erlösen … das Leben
ein Geschenk.

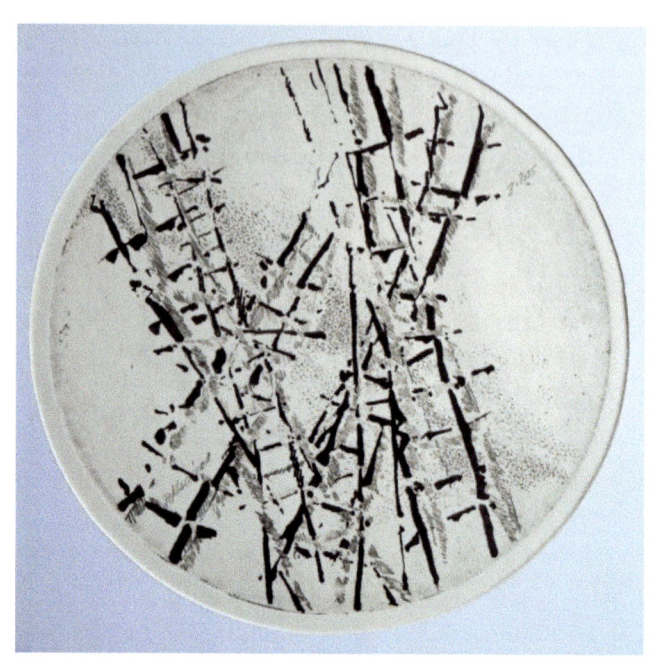

LABYRINTH

Labyrinthische Wege

Nur verworren
erkennen wir die Wege –
wie *durch einen Spiegel
in einem dunklen Wort* *) –
über Brücken laufen wir
ins Ungewisse, über Leitern
steigen wir ins Uferlose,
folgen Gleisen, überqueren
Wüsten, blicken in tiefe Klüfte
und stoßen an letzte Grenzen
weit entfernt
von jeglichem Begreifen –
bis der *bestirnte Himmel
über mir* des Nachts die Wege
seltsam glättet und für Momente
im Rund der Himmelskuppel
Geborgensein entstehen lässt.

*)1.Kor.13,12

Labyrinth der Bäume

eine Scheibe
mit der Anmutung
von Jahresringen
dichter und lichter
gesetzt aufgedröselt
zerfasert zerbrochen
gebrochen
wie Lebensläufe
dem Vergessen
anheim gestellt –
Lebensräume
größere Landstriche
blanke Ebenen
spitze Kegel aus
splitternden Glasscherben
die immer noch schmerzen
ein Ansatz von Strahlen
in unbestimmte Weiten –
man fragt sich
liegt das Ende dort
oder in der Mitte
der Nabe
um die sich
die Jahre legen?

ERINNERN

Erinnern

Spuren des Lebens
fragmentarisch verschwommen
flüchtig und unscharf –
lichtdurchflutet und blendend
Prousts *mémoire involontaire.*

Gedächtnislücken
oder
das abgelegte Gedächtnis

Gedächtnis-
Lücken sind
Laufmaschen.
Locker und leicht
lösen sie sich
aus der Form.
Gedächtnislücken
entledigen dich
aller Erdenschwere -
und welche Lust zu leben,
könnte man meinen,
schwimmend
schwebend
mit leichtem Gepäck!

Mnemosyne (I)

der verlorene Faden
das ausgefranste Gedächtnis –
ist Schreiben, Zeichnen
die Rettungsleine, die uns
vor dem Ertrinken
im Fluss des Vergessens
bewahrt? Schaffen die Zeichen
Raum fürs Erinnern? Fällt uns so
Erkenntnis wie Schuppen
von den Augen, kommt so
allmählich Licht ins Dunkel,
dämmert etwas herauf?
Gedächtnisspuren, die
einander überlagern, die
collagiert und zusammen-
geführt werden, sei es
durch ein Freilegen von
Schichten oder durch eine
Karte, in der sich die Erinnerung
verortet, die Erfahrung vernetzt.

Die Töchter der Mnemosyne

Die Landzunge der Mnemosyne
reicht hinein
ins Meer des Vergessens
der Wellenschlag berührt
den Zungenschlag der Musen
ein Überschwappen
Überlappen
auf dem schmalen Grat des Erinnerns
über Klippen springen
Unwegsamkeiten umgehen
sich in Acht nehmen
vor sumpfigem Gelände
anhalten
sich umschauen
sich niederlassen
damit der Wellenschlag
sich vereine
mit dem Zungenschlag
deines Erinnerns.

Sich erinnern

Zimmerfluchten
halb-offene offene Türen
Durchblicke
Einblicke
Ausblicke - und
die tickende Uhr
mit dem verblassten Zifferblatt
auf dem die Zeit verschwimmt –
das Ich beschattet
halb verborgen, so dass
Licht auf das eine,
das andere Wundmal fällt,
das Ich in den Schatten gedrängt
fühlt sich verworfen, vergisst
dass Tag und Nacht die beiden
Seiten einer Medaille sind.
Zimmerfluchten halb-offene offene Türen
hell im Licht des Tages
eingedunkelt im Traum der Nacht.

Mnemosyne (II)

Die Unzuverlässigkeit
des Erinnerns schafft
Gespenster, die sich
deiner bemächtigen.
Ereignisse verschwinden
oder mäandern in
andere Zusammenhänge
unterliegen
Metamorphosen –
und am Ende traust du
dir selber nicht mehr.

Die Dinge haben einen Ort –
aber wie ist es mit Gefühlen?
Was ich nicht verorten kann
taucht in hohem Maße
unter im Strom der Zeit.

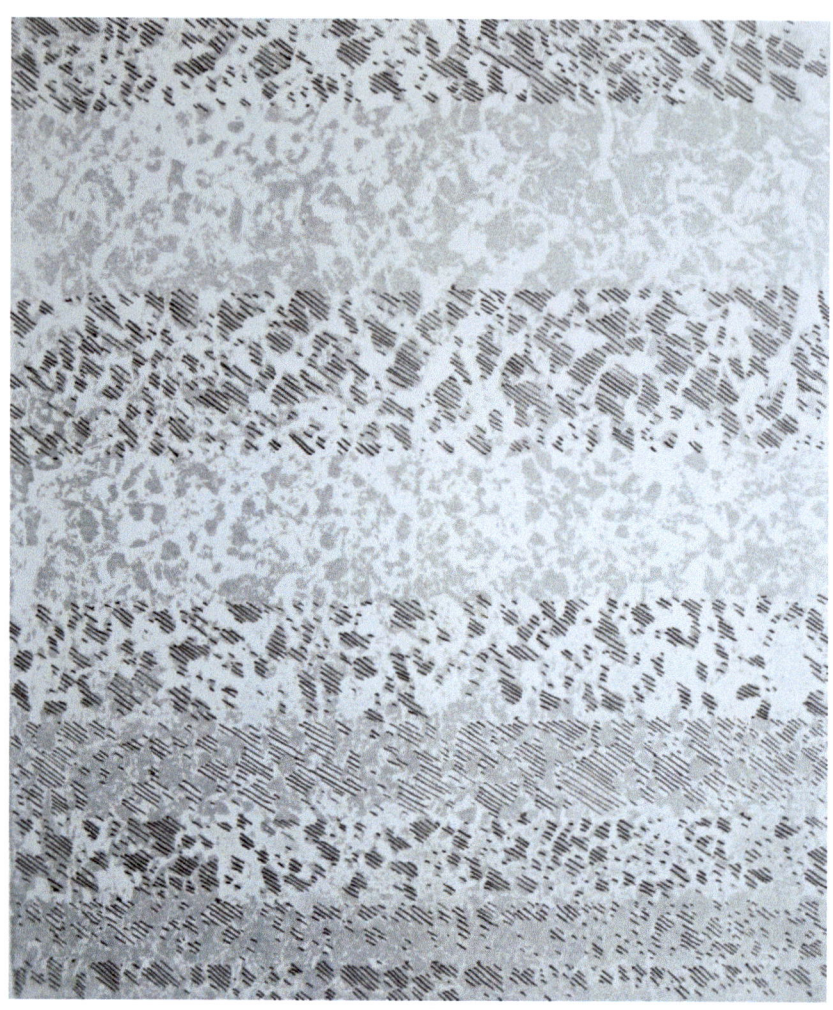

Sprache und Schrift
entfernen den Augenblick
aus der Jetztzeit, eröffnen
einen Weg zurück
mischen die Zeitebenen
verknüpfen, was so
im Augenblick nicht
vorhanden war.
Erfahrungen bilden
ein Netzwerk des
Erinnerns.

Zeitschichten
überlagern sich.
Vernetzung von
Ereignissen.
Archäologische
Grabungen bringen
Verschwundenes
in einem neuen
Kontext ans Licht.
Einsichten werden
so geboren
blitzartig oder
Schritt für Schritt
wird die Zukunft
neu entworfen.

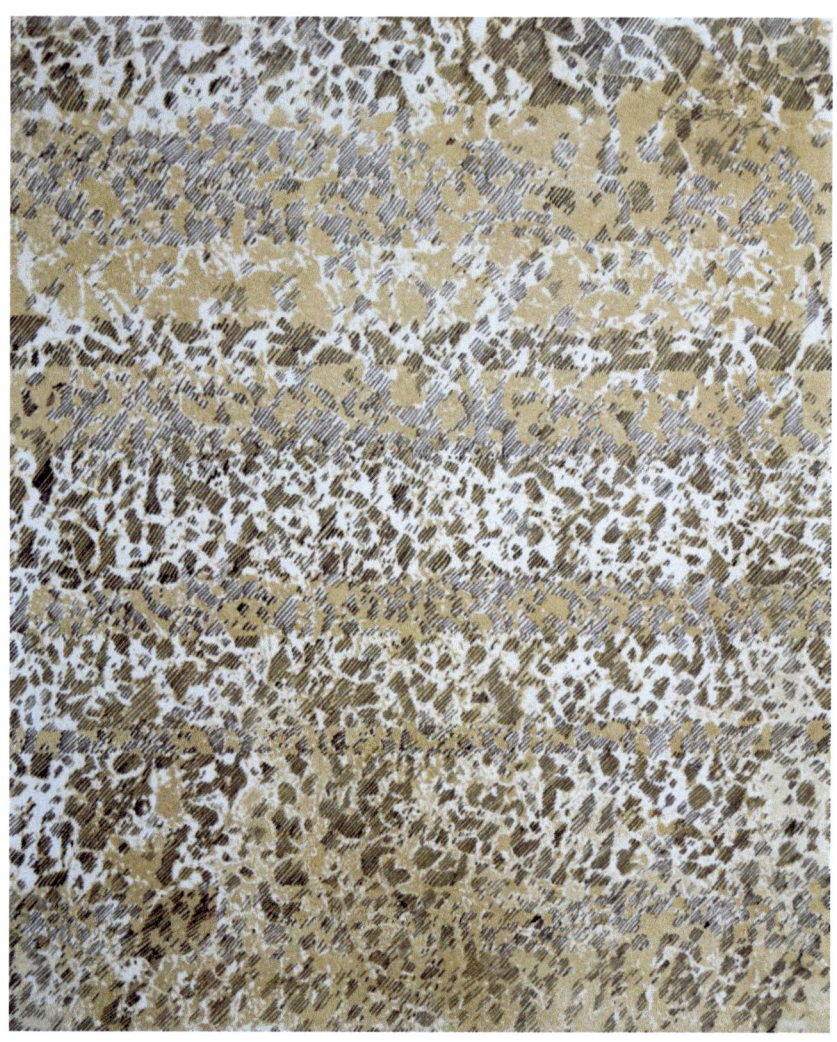

In Schichten vergraben
verschwunden für das Auge
wollen wir die verdichtete
Botschaft hervorholen?

Die Schrift zerfließt
die Buchstaben lösen sich auf,
zerbröseln wie im späten Herbst
die Blätter – vergilben
wie Papier, mit einem Hang
zur braunen Erde: unendlich
dieses Fallen.

Die blaue Melancholie
dieser Zeilen zerfrisst das Papier –
Trauerränder, die sich über das Blatt
legen und sich verdichten
zu einem großen Schmerz.

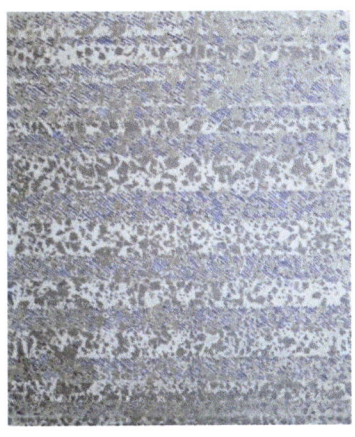

KAIROS – GLÜCKLICHER AUGENBLICK

Time present and time past
Are both perhaps present in time future,
And time future contained in time past.

T.S.Eliot, Four Quartets

Vergangenes Glück

Das Foto
erzählt stets
von Vergangenem.
Die Trauer darüber
dass ein glücklicher Moment
für immer verloren
die Haarlocke des Kairos
so schwer zu fassen ist.
Der Gipfelpunkt, der stets
aus dem Vergangenen kommt
und als Erinnerung in die zukünftige
Gegenwart hinübergleitet.

Horror Vacui

Füllen des Raums
Füllen der Zeit
die Furcht vor der Leere
erfüllt uns –
wobei wir leicht übersehen
dass es die Lücken sind
durch die das Wesentliche dringt
die Leerstellen
die den kreativen Augenblick
schaffen, die Einsicht,
die zur Erfahrung wird,
den geglückten
den glücklichen Augenblick.

Geburt der Erde

Feurige Lava –
strahlendes Licht
quillt aus dunklen Spalten
ein ungebärdiger Strom
ergießt sich, im Begriff
zur kristallinen Form
zu erkalten. Noch ist
alles Fließen und Fluss –
doch an den Rändern
vollzieht sich der Wandel:
die Geburt der Erde:
der Moment des Kairos.

Eine Schale voller Segen

Eine Schale voller Segen
zart wie die Hülle, der ein kleiner Vogel
soeben entschlüpft ist,
oder in Feuchtigkeit gepresstes Papier,
das seine Balance sucht,
so zerbrechlich und zugleich
so vollkommen
so geborgen im Runden
und doch so real
indem es einen Schatten wirft
auf den Grund
in den es Wurzeln zu schlagen gilt –
zarter weißer Flaum,
Flügel zum Himmel hin
und starke Wurzeln,
die Widerstand
und Festigkeit bieten –
eine Schale voller Segen.

Eine Vorstellung von Glück –
In Fragmenten

Aufwachsen unter Rosen,
immerfort leben in den Blumen,
sich wiegen im Wogen sommerlicher Wiesen,
teilhaben am rhythmischen Wehen des Windes
- und schauen von hohen Balkonen
in ein rosenduftendes blaugrünes Land -

sein wie ein Körper, der
in einen abendlich warmen See gleitet -

nicht unbedingt fröhlich sein zu müssen
sein eigenes Gesicht tragen
ganz still und ganz bei sich sein
und auch ganz außer sich -

warten auf irgendetwas,
das vage und unbestimmt,
aber doch auf etwas
jenseits von nichts -

und die Hoffnung hegen, dass du
wenn du wie ein Gefäß, das zerbricht
und die Treppe hinunterrollt,
in Hände fällst, die dich bergen.

JAHRESWENDE

Zum Jahreswechsel
die Uhr der Bäume -
ein Zyklus, die Bewegung des Rades,
Wiederkehr des Gleichen,
des Vertrauten -
die Ahnung dessen,
was werden soll:
die Knospe keimt,
wenn die Blätter fallen,
die Frucht wächst heran
in der Blüte, und
das Feuer entbrennt,
wenn vermeintlich
das Ende naht,
ein Sich-Aufbäumen und
ein Fest der Farben, der Sinne -
was bleibt, ist Knospe:
das Licht wächst hinein
in das neue Jahr,
spiegelt sich in Eis und Schnee,
die sich wie ein wollenes Tuch
über das Werdende legen.

zur jahreswende

rasch
eine schneise geschlagen
in die gefrorene zeit -
durch eisblumen
und frostgeflecht
ins lichte kristall
der nacht geschaut -
die utopie
von glauben
hoffen
lieben

WAS BLEIBT

Was bleibt

Notizen
nicht lesbar,
so als habe sich der Gedanke
schon beim Niederschreiben aufgelöst,
verflüchtigt. Und dennoch ein Festhalten
an der Schwanzfeder des Vogels,
der entfleucht - vergessene Spuren,
die bald unverständlich geworden,
ans Unbewusste kratzen. Unterbrochen,
übermalt, durchkreuzt, gealtert
wie ein Kleid, das am Strand
liegen blieb und sich nun kaum mehr
an den Körper erinnert, der es trug.

Texte von Ingeborg Bauer

Von der Zeit	5
Einführung: *Die Zeit im Grunde*	7
DER AMMONIT – METAPHER FÜRS LEBEN	13
Fossile Metaphern	
Fossile Metapher: Orientierung	13
Utopische Uhr	15
Die Spirale: Buchstabe im Alphabet früher Kulturen	17
Spiralnebel im All	19
‚Still Point'	21
LEBENSLAUF	22
Lebenslauf	22
Durchs Leben gehen	25
LABYRINTH	27
Labyrinth der Bäume	29

ERINNERN	30
Gedächtnislücken	31
Mnemosyne (I)	32
Die Töchter der Mnemosyne	33
Sich Erinnern	35
Mnemosyne (II)	37
KAIROS – GLÜCKLICHER AUGENBLICK	42
Vergangenes Glück	42
Horror Vacui	43
Geburt der Erde	45
Eine Schale voller Segen	47
Eine Vorstellung von Glück – In Fragmenten	48
JAHRESWENDE	49
zur jahreswende	51
WAS BLEIBT	53

Titel der Bilder von Peter Magiera

Cover uns S.5: Gezählte Tage, 2013

S.10 und 11: Versuch, die Heimat zu finden, 2012

S.12: Von der Zeit, 2015

S.14: Stilles Tal, 2014

S.16: Aus der Tiefe, 2014

S.18: Versuch, die Heimat zu finden, 2012

S.20: Lebenszeichen, 2012

S.22: Nacht, 2014

S.24: Gezählte Tage, 2013

S.26: Ab in die Zukunft, 2015 und 2010

S.28: Labyrinth, 2009

S.30: Gezählte Tage, 2013

S.34: o.T., 2006

S.36: Erinnerung, 2009

S.38, 40 und 41: Protokoll des
Grundwassermanagements, 2013

S.44: Flut, 2015

S.46: Geschenk, 2013

S.50: o.T., 2009

S.52: o.T., 1991

Ingeborg Bauer

Studium der Germanistik und Anglistik. Nach dem Staatsexamen als Studienrätin tätig.
Volkshochschuldozentin in Esslingen (Englische Konversationskurse mit Schwerpunkt „Englischsprachige Literatur der Gegenwart").
Freiberufliche Mitarbeit in einer Galerie für zeitgenössische Kunst, Vernissagen, Texte für Kataloge.

Veröffentlichungen u.a.:
- „Mental Maps" - Lyrik und Kurzprosa (2003)
  ISBN 3-89906-447-X   € 4,80
- „Das Blau des Himmels aber birgt den Engel" - Lyrik (2004)
  ISBN 3-899906-795-9   € 7,80
- „Traumverwandt die Schatten der Dinge" - Lyrik und essayistische Prosa (2005)
  ISBN 3-89906-597-2   € 8,80
- „Sommerschwer die Vogelbeerdolden" - Lyrik (2005)
  ISBN 3-899906-596-4   € 8,80
- „Die Melodie des Ölbaums und der Palme" – Reisen in den Maghreb" (2007)
  ISBN 978-3-8334-6807-0   € 11,80
- „Am blauen Rand Europas - Inseln im östlichen Mittelmeer" - Lyrik (2008)
  ISBN 978-3-8379-5744-4 € 11,90
- „Ägyptischer Bilderbogen - Tagebuch einer Ägyptenreise" (2009)
  ISBN 978-3-8370-8722-2   € 25,00

- „Es streift eine dunkle Flöte" (2010)
  ISBN 978-3-8391-4233-2   € 14,80
- „Annette von Droste-Hülshoff - eine Annäherung" (2010)
  ISBN 978-3-8391-4670-5   € 14,80
- „Von Wald, Wasser und Wind und einer bewegenden Geschichte Polen - Baltikum - St. Petersburg" (2011)
  ISBN 978-3-8423-4030-5   €35,90
- „Im Bannkreis Venedigs - Venedig - Kroatien - Korfu" (2011) ISBN 978-3-8423-5850-8 € 24,90
- "Peer Gynt und das menschliche Maß - Gedanken zu einer Norwegenreise" (2012)
  ISBN 978-3-8448-1092-9 €19,90
- „Spiegel innerer Räume - Lyrik zu Bildern von Paul Klee" (2012) ISBN 978-3-8448-1601-3
  € 24,90
- „Auch am Rand ist in der Mitte - eine (nicht nur) literarische Reise durch Irland" (2013)
  ISBN 978-3-7322-3730-2   € 20,90

Peter Magiera

1941 geboren in Petrowitz-Kattowitz
Ausbildung als Textilentwerfer in Stuttgart
Werk- und Kunstpädagogikstudium in Stuttgart
GHS und Sonderpädagogikstudium in Esslingen,
Reutlingen und Tübingen.

Seit 1973 Sonderschullehrer in Tübingen-Pfrondorf
Von 1995-2004 Lehrer in Stuttgart.

Mitglied der Künstlergilde Esslingen seit 1964, des
Württembergischen Kunstvereins ab 1966, des
Malerkollegiums Reutlingen von 1985-1994, der
Radierwerkstatt Reutlingen ab 1990.

Zahlreiche Gruppenausstellungen.
Seit 1966 30 Einzelausstellungen.